Die schönsten Tiermärchen aus aller Welt

Für meine geliebte Freundin Margaret Button (N.A.)
Für Jean und John (A.H.)

Die schönsten Tier-märchen aus aller Welt

Erzählt von Naomi Adler
Mit Bildern von Amanda Hall
Ins Deutsche übertragen von Ulla Neckenauer

Herder Freiburg · Basel · Wien

Die Originalausgabe erschien 1996 unter dem Titel
The Barefoot Books of Animal Tales from around the world
bei Barefoot Books Ltd, Bath

Text © Naomi Adler 1996
Illustrationen © Amanda Hall 1996

Alle Rechte vorbehalten für die deutschsprachige Ausgabe:
© Verlag Herder Freiburg im Breisgau 1996
Printed in Hong Kong
ISBN 3-451-23981-7

Inhalt

Großmutter Spinne

NORDAMERIKANISCHES MÄRCHEN

Vor langer, langer Zeit gab es nur Tiere
auf der Welt, und die Länder des Nordens
waren ganz in Dunkelheit gehüllt.
Millionen Jahre waren es die Tiere
zufrieden, im Finstern zu leben.
Doch es kam eine Zeit, da bemerkten sie,
daß sie laufend aufeinander prallten,
in irgendwelche Bodenlöcher stürzten
und unentwegt stolperten, wenn sie
umherliefen. Und es kam eine Zeit,
wo sie es nicht länger ertrugen.
So faßten sie den Entschluß,
etwas dagegen zu unternehmen.

   6

Weise Eule erklärte: „Wir müssen eine Versammlung aller Tiere der Nordländer abhalten!"

Also legte man einen Tag und einen Ort für das Treffen fest. Von weither kamen die Tiere, und alle brachten sie ihre Ideen und ihre Hoffnungen mit.

Weise Eule rief: „Was sollen wir tun, meine Brüder und Schwestern? Immer ist es dunkel hier, und die Zeiten werden schwierig. Wir müssen etwas ändern, bloß wie?"

Alte Krähe war die erste, die das Wort ergriff. „Auf meinen vielen Flügen hörte ich, daß es auf der anderen Seite der Welt Tiere gibt, die im Licht leben."

Großer Bär fragte: „Was heißt das – Licht?"

Alte Krähe entgegnete: „Dort, wo Licht ist, können die Tiere alles sehen, was sie umgibt. Die Landschaft zum Beispiel. Ja, sie sehen sich sogar gegenseitig!"

Die im ewigen Dunkel lebenden Tiere wurden ganz aufgeregt, als sie Alte Krähes Worte hörten. „Auch wir brauchen unbedingt dieses

Licht, damit auch wir sehen, wohin wir gehen!"
sagten sie.

Alte Krähe fuhr fort: „Vielleicht werden die Tiere
der Lichtländer ihr Licht mit uns teilen?"

„Nein, nein!" rief Bruder Fuchs. „Das werden sie sicher
nicht wollen. Bestimmt ist es überaus kostbar. Wir werden es stehlen
und herschaffen müssen!"

Bruder Otter streckte den Kopf aus dem Wasser
und sagte: „Das ist ja alles schön und gut,
aber wer will sich auf den Weg
in die Lichtländer machen?
Die Reise ist weit und gefährlich."

Die mutigsten und stärksten Tiere begannen,
sich zu streiten. Jedes behauptete von sich,
es sei am schnellsten, am gerissensten
oder am gescheitesten. Schließlich
übertönte Bruder Opossum
die zankenden Stimmen und den
übrigen Lärm. „Ich bin es, der gehen wird,
meine Brüder, da ich das Licht unter meinem buschigen Schwanz
verbergen und es so in unsere dunklen Länder bringen kann."

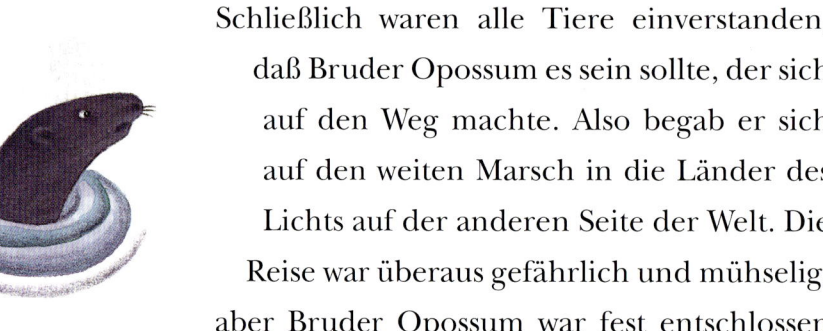

Schließlich waren alle Tiere einverstanden,
daß Bruder Opossum es sein sollte, der sich
auf den Weg machte. Also begab er sich
auf den weiten Marsch in die Länder des
Lichts auf der anderen Seite der Welt. Die
Reise war überaus gefährlich und mühselig,
aber Bruder Opossum war fest entschlossen

und auch sehr neugierig. Und so reiste er und reiste. Als er sich den Lichtländern näherte, begannen seine Augen zu schmerzen – so eine Helligkeit hatte er nicht erwartet! Er kniff sie fest zu, um sie zu schützen. Und wenn ihr euch ein Opossum genau anschaut, werdet ihr sehen, daß es die Augen bis auf den heutigen Tag fast geschlossen hält.

Als Bruder Opossum schließlich das Zentrum des Lichts erreichte, nahm er sorgsam ein Stück Licht und verwahrte es unter seinem buschigen Schwanz. Dann machte er sich auf den Heimweg. Nur war das Licht unter seinem Schwanz so flammend heiß, daß es den ganzen buschigen Pelz verbrannte, bis nur noch Haut und Knochen übrig waren. Und wenn ihr euch den Schwanz eines Opossums genau anschaut, so werdet ihr sehen, daß er bis auf den heutigen Tag tatsächlich nur aus Haut und Knochen besteht.

Bis Bruder Opossum die Nordländer erreichte, war das ganze Licht verschwunden. Die anderen Tiere warteten schon auf ihn, sie

warteten auf das Licht. Wie groß war ihre Enttäuschung, als sie ihn mit leeren Händen zurückkehren sahen!

„Diesmal werde ich es sein, der in die Lichtländer reisen und ein bißchen Licht herbeiholen wird!" verkündete Bruder Bussard. Er flog hoch hinauf in den Himmel, damit ihn keiner sehen würde, wenn er die andere Seite der Welt erreichte. Es war ein langer und ermüdender Flug, doch schließlich erreichte auch er das Zentrum des Lichts. Bruder Bussard schwebte darüber hinweg, dann tauchte er blitzschnell hinunter, nahm sich ein bißchen und legte es auf seinen Kopf. Nun machte er sich auf den langen Heimflug.

Doch das Licht, das er auf dem Kopf trug, war so flammend heiß, daß es einen kahlen Fleck brannte. Und wenn ihr euch einen Bussard einmal genau betrachtet, dann werdet ihr sehen, daß er bis auf den heutigen Tag einen kahlen Fleck auf dem Kopf trägt.

Bis Bruder Bussard die Länder der Dunkelheit erreichte, war alles Licht verschwunden. Die anderen Tiere warteten schon auf ihn, sie warteten auf das Licht. Wie groß war ihre Enttäuschung, als sie Bruder Bussard mit leeren Händen zurückkommen sahen!

Die Tiere waren sehr traurig. Sie riefen: „Unsere stärksten und mutigsten Brüder haben einen Versuch unternommen, doch ist es ihnen nicht gelungen, ein wenig Licht zu bringen. Es herrscht immer noch Dunkelheit bei uns!"

Plötzlich hörten sie ein quietschendes Stimmchen: „Verzeiht mir,

meine Brüder. Ihr habt euer Bestes getan. Jetzt ist es an der Zeit, daß sich eure Schwester auf den Weg macht, um das Licht zu holen."

Die Tiere sahen sich um. Wer hatte da gesprochen? Dort, wo das Stimmchen herkam, war keiner zu entdecken. „Wer spricht?" riefen sie.

„Ich bin es, Großmutter Spinne", ertönte wieder das Stimmchen. „Ich bin sehr alt und auch überaus klein, doch weiß ich einen guten Plan. Ich will einen Versuch wagen, Licht von der anderen Seite der Welt herzuholen."

Die anderen Tiere glaubten nicht daran, daß Großmutter Spinne Erfolg haben könnte. Doch sie einigten sich darauf, ihr eine Chance zu geben und sie ziehen zu lassen.

Großmutter Spinne huschte zu einem Plätzchen tief unter dem Boden. Dort enthielt die Erde viel Lehm, und davon nahm sie sich ein wenig, um ein Töpfchen mit einem haargenau passenden Deckel darauf zu formen. Sie hielt es mit einem ihrer acht Beine fest, dann machte sie sich auf die lange Reise zur anderen Seite der Welt in die Länder des Lichts. Unterwegs spann sie ihren Spinnwebfaden, um den Weg zu markieren, damit sie wieder heimfand.

Als Großmutter Spinne im Zentrum des Lichts ankam, nahm sie ein kleines Stückchen Licht, gab es in ihr Töpfchen und schloß fest den Deckel, damit es nicht entweichen konnte. Nun machte sie sich auf die lange Heimreise, indem sie der Spinnwebspur folgte, die sie auf dem Herweg gelegt hatte. Und wenn ihr euch einen Spinnwebfaden einmal genau betrachtet, werdet ihr sehen, daß er bis auf den heutigen Tag große Ähnlichkeit hat mit einem Sonnenstrahl.

Die anderen Tiere warteten auf Großmutter Spinne, sie warteten auf das Licht. Als Großmutter Spinne in den Ländern der Dunkelheit anlangte, forderte sie alle anderen dazu auf, einen Kreis um sie zu schließen. Erst dann hob sie den Deckel ihres Töpfchens. Plötzlich war Licht in den Ländern der Dunkelheit! Und es strahlte so hell und herrlich, daß alle sehr verwundert waren. Und von da an gab es Tag und Nacht in den Ländern des Nordens.

Die Tiere waren überglücklich. Jetzt konnten sie endlich sehen, wohin sie gingen! Ein großes Fest mit Gesang und Tanz wurde zu Ehren von Großmutter Spinne gefeiert. Doch die zog sich still in den Wald zurück, aus dem sie gekommen war. Dort kletterte sie auf einen hohen Baum und begann, ein Netz zu spinnen. Und wenn ihr ganz genau hinschaut, dann werdet ihr sehen, daß sie bis auf den heutigen Tag weiterspinnt.

Das Kaninchen im Mond

INDISCHES MÄRCHEN

Hast du jemals zum Mond emporgeblickt, wenn er voll ist und hell? Hast du dich jemals gefragt, was die silberblaue Figur auf der Mondoberfläche zu bedeuten hat? Wenn du ganz genau hinschaust, dann wirst du sehen, daß sie lange Ohren und die Umrisse eines Kaninchens hat. Sogar der kleine Stummelschwanz ist da. Wenn nächstes Mal Vollmond ist, darfst du auf keinen Fall die Gelegenheit verpassen, aufmerksam und still zu ihm hochzusehen. Gut möglich, daß du dann das liebenswerteste aller Tiere, das Kaninchen, sehen wirst, wie es zu dir herunterschaut.

Vielleicht fragst du dich, wie das Kaninchen da hinaufgekommen ist? Und warum ist da oben ausgerechnet ein Kaninchen, wo es doch so viele verschiedene Tiere zur Auswahl gegeben hätte?

Ich traf einmal eine alte indische Geschichtenerzählerin, und von ihr

habe ich erfahren, wie es zuging, daß das Kaninchen auf dem Mond landete.

Vor langer, langer Zeit, in einem fernen Land namens Indien, gab es den schönsten Wald, den man sich nur vorstellen kann. Da wuchsen Bäume in allen Formen, Größen und Grünschattierungen. Auf dem Boden des Waldes standen Blumen von großer Schönheit, und ihr Duft war süß, so süß. Die Bäume waren beladen mit allen möglichen Früchten und Blüten. Und seit vielen tausenden Jahren lebten Vögel und andere Tiere darin.

Unter all den in diesem Zauberwald wohnenden Tieren gab es vier, die eng miteinander befreundet waren: der Affe, der Otter, der junge Elefant und das Kaninchen. Diese vier liebten sich heiß und innig. Doch das Kaninchen wurde von den übrigen drei am allermeisten geliebt. Tatsächlich war es das beliebteste Tier im ganzen Wald, denn es war ein ganz besonderes Wesen. Weise und furchtlos war es, hochherzig und rein. Aber vor allem hatte es ein Herz aus Gold. Oft sah man das Kaninchen mitten auf der Lichtung sitzen, umringt von den Tieren des Waldes. Dann erzählte es ihnen wundersame Geschichten. Und es sprach ihnen auch von der Heilkraft, die in den Blättern und Blüten wohnt. Und von der Wandlungskraft, die Liebe und Güte in sich tragen. Es erzählte ihnen von den Sternen und Planeten – und von den Energien und Wundern um uns herum.

Sogar die wildesten Tiere kamen zu diesen Treffen herbei. Der Tiger

war da, ebenso wie das Krokodil. Der Wolf fehlte nicht und auch nicht der Geier. Doch war es nicht so, daß das Kaninchen von den schönen Dingen und den wunderbaren Kräften nur sprach, nein, es lebte im Einklang mit seinen Worten. Wie der Mond sein Licht verstrahlt, so verstrahlte es Sanftheit und Güte. Und alle, die in seine Nähe kamen, wurden von ihm beflügelt.

Und so geschah es, daß sich die drei besten Freunde des Kaninchens langsam änderten. Der freche und boshafte Affe, der unentwegt Streiche aussheckte und alle anderen hänselte, wurde rücksichtsvoller und hilfsbereiter. Der Otter, der immer so gefräßig war und alle Fische für sich alleine behielt, begann, mit den anderen zu teilen und ihnen behilflich zu sein. Der Elefant, der immer so heimlichtuerisch war und nie verriet, wo die Quellen und Wasserlöcher waren, fing an, sein Wissen mit den anderen zu teilen und sich nützlich zu machen. Was das Kaninchen betraf, so hatte es immer noch mehr Liebe zu

17

vergeben, und das Leuchten der Güte, das von seinem Herz ausging, strahlte noch heller als zuvor.

Eines Tages hatte das Kaninchen einen vortrefflichen Einfall. Es rief seine Freunde herbei. „Ich will euch einen Vorschlag machen. Wir vier haben Nahrung und Wasser in Hülle und Fülle, genau wie Liebe und Freundschaft. Warum bieten wir das, was wir haben, nicht der Welt um uns herum an? Es gibt so viele Bettler, so viele hungrige Kinder, laßt uns ihnen ein bißchen von dem zum Geschenk machen, was wir besitzen."

Genau in diesem Augenblick kam der große himmlische Geist vorbei und hörte jedes Wort. Er traute seinen Ohren kaum und nahm sich vor, ganz genau hinzuhören. Das Kaninchen fuhr fort: „Seht ihn an, meine Freunde, den in seinen leuchtenden Glanz gehüllten Mond, wie er Silberstrahlen in  die Dunkelheit schickt. Mit seinem Licht macht er die Nacht klarer und heller. Dasselbe könnten wir mit unserer Liebe und Güte erreichen. Wir könnten Traurigkeit und Elend einfach verwandeln. Laßt uns einem, der morgen den Wald betreten wird, Freude schenken und Glück – wer auch immer es sein mag."

Die anderen willigten ein – das war ein großartiger Einfall. Unter einem mit roten Blüten übersäten Baum machten sie im Licht des Vollmonds Pläne für den nächsten Tag.

Der Otter gelobte, Fische zu fangen und sie herzuschenken. Der Affe gelobte, reife Mangos zu pflücken und sie wegzugeben. Der Elefant gelobte, eine neue Quelle zu finden und das Wasser einem anderen zu überlassen. Und so schliefen sie ein. Nur das Kaninchen fand keine Ruhe, denn es grübelte und grübelte, was es verschenken könnte. „Meine einzige Nahrung ist grünes Gras, und das schmeckt den meisten nicht. Ich habe rein gar nichts, was ich einem Fremden geben könnte." Die ganze Nacht starrte es zum Vollmond empor und überlegte. Kurz bevor ihm schließlich die Augen zufielen, kam ihm ein schrecklicher Gedanke. Ihm fiel ein, daß die Menschen liebend gern Kaninchenfleisch essen. Es holte ganz tief Luft, und dann gelobte es, sich selber wegzuschenken. Ein Gefühl von Wohlbehagen und Freude durchzog es, und nun schlief es ein.

Der himmlische Geist hörte die ganze Zeit zu und vernahm dieses erstaunliche Gelöbnis. Er entschloß sich, als Bettler verkleidet auf die Erde herabzukommen, um das Kaninchen auf die Probe zu stellen.

Am nächsten Tag, während die Tiere des Waldes im Schatten der Bäume ruhten, hörten sie in der Ferne eine Stimme rufen. „Helft mir! Bitte helft mir! Ich habe mich im Wald verirrt, ich bin hungrig und durstig!"

Als die vier Freunde das hörten, rannten sie sogleich zu dem Bettler hin.

„Sorge dich nicht, guter Mann", sagten sie. „Wir werden dich pflegen, dir zu essen geben, dir Wasser bringen und dir helfen, deinen Weg zu finden."

Der Affe sprang augenblicklich auf einen Mangobaum, brachte einen Armvoll rote, saftige Mangos herab und legte sie vor dem Bettler nieder.

Der Otter tauchte augenblicklich in den Fluß und fing einige dicke, silberne Fische, die er dem Bettler gab.

Der Elefant rannte augenblicklich zu der neuen Quelle, holte einen Rüssel voll klares, süßes Wasser und brachte es dem Bettler, damit dieser trinken und baden konnte.

Das Kaninchen baute sich augenblicklich vor dem Bettler auf und sagte: „Schür ein großes Feuer, dann werde ich hineinspringen, damit du von meinem Fleisch essen kannst."

Den als Bettler verkleideten großen Geist verwunderte dieser Mut. Er schnalzte mit zwei Fingern und machte ein eigenartiges Geräusch mit dem Mund. Ein Feuer loderte vor ihm auf. Ohne nachzudenken,

sprang das Kaninchen in die Flammen. Doch kein einziges Haar seines weichen Felles verbrannte, kein einziger Zentimeter seines Körpers wurde versengt, denn in diesem Augenblick nahm der himmlische Geist das Kaninchen auf die Handfläche und sagte: „Solche Liebe und solcher Mut ist mehr, als mir jemals auf Erden begegnete.

Von dieser selbstlosen Tat muß die ganze Welt erfahren. Ich werde dich, mein kleines Kaninchen, in den Mond setzen, damit dich alle sehen können, damit alle von dir lernen können, damit dich keiner jemals vergißt. Bei Vollmond wirst du jedesmal sichtbar werden, damit deine Güte und deine Liebe mit dem Silberlicht des Mondes auf die ganze weite Welt strahlen."

Mit diesen Worten hob er das Kaninchen in den Himmel empor und setzte es auf dem Mond ab, wo es bis zum heutigen Tag lebt.

Wenn also das nächste Mal Vollmond ist, dann geh hinaus und sieh zum Nachthimmel hinauf. Dort wirst du das Kaninchen sehen, von dem ich erzählte. Und vielleicht fällt dir auch wieder diese Geschichte ein, und vielleicht fällt dir auch ein, daß du möglicherweise etwas ganz Besonderes erhältst, wenn du etwas Wertvolles weggibst.

Der Drache und der Hahn

CHINESISCHES MÄRCHEN

Es war einmal eine Zeit, da waren die Drachen noch nicht ganz fertig geformt, und die Hähne hatten Schwänze wie Pfauen und Geweihe wie Hirsche. Und es war zu diesen alten Zeiten, als sich diese Geschichte begab.

Der himmlische Kaiser herrschte über den Himmel, das Meer und die Erde. An Neujahr pflegte er stets ein großes Fest droben in seinem Himmelspalast zu feiern. Angesehene Gäste von den vielen Sternen und Planeten waren geladen, darunter auch die Tiere der Erde.

Die Tiere der Erde nahmen liebend gern an diesem alljährlichen Ereignis oben am Himmelszelt teil. Sie verbrachten viele Wochen damit, sich emsig darauf vorzubereiten und sich so schön zu machen wie nur irgend möglich.

Nur der Drache war unglücklich, denn er hielt sich für das langweiligste Geschöpf von ganz China. In jenen Tagen hatten die

Drachen nämlich den Kopf eines Kamels, die Augen eines Dämonen, den Hals und den Körper einer Schlange, die Beine eines Tigers und die Klauen eines Adlers. Doch am allermeisten schämte sich der Drache seines kahlen Schädels.

Eines Tages, der Drache schwamm gerade im Fluß, kam der Hahn vorbeistolziert. Großartig sah er aus mit seinem prachtvollen,

fächerförmig ausgebreiteten Schwanz und dem riesigen Geweih auf dem Kopf. Der Drache blickte sehnsüchtig auf das Geweih.

„Hätte ich nur auch so einen großartigen Kopfschmuck! Dann sähe ich nicht mehr so langweilig aus", dachte er sich.

Plötzlich kam ihm ein glänzender Einfall. Er rief: „He, Hahn!"

„Einen schönen Tag wünsche ich dir, Drache! Aber weshalb siehst du denn so traurig aus?" erkundigte sich der Hahn.

Der Drache gab zur Antwort: „Ich bin deshalb so traurig, weil ich keinen Kopfschmuck besitze, den ich zum Neujahrsfest tragen könnte. Willst du mir nicht dein Geweih borgen, Hahn?"

„Ganz gewiß nicht!" erwiderte der Hahn verblüfft.

„Ich bin auch zum Fest geladen, deshalb brauche ich es selbst."

24

Der Drache sagte: „Du siehst so großartig aus mit deinem prächtigen Schwanz, dein Geweih lenkt nur ab von deiner Schönheit."

„Nein, nein, Drache!" rief der Hahn. „Mein Geweih kann ich nicht entbehren!"

In diesem Augenblick streckte ein vornehmer Karpfen den Kopf aus dem Wasser. Er hatte die ganze Unterhaltung mit angehört. Da er den Drachen gern mochte, sagte er: „Der Drache hat ganz recht, Hahn. Ohne dein Geweih siehst du in der Tat viel besser aus. Es lenkt wirklich von deiner Schönheit ab. Sei doch so nett und leih es dem Drachen aus, dann werde ich dafür sorgen, daß du es wohlbehalten zurückerhältst."

Schließlich und endlich ließ sich der eitle Gockel davon überzeugen, daß er ohne sein Geweih sogar noch schöner war. „Na gut", sagte er. „Ich werde es dir einen Tag und eine Nacht lang leihen. Aber gleich nach dem Neujahrsfest mußt du es mir wiedergeben."

Das versprach der Drache.

Bei der Neujahrsfeier in dieser Nacht bewunderten sie ihn alle. Selbst der himmlische Kaiser bereitete ihm einen ganz besonderen Empfang, indem er ihn einlud, neben dem Thron zu sitzen, was eine große Ehre war. Soviel Aufmerksamkeit und soviel Bewunderung hatte der Drache noch nie erfahren. Er spürte, wie es ihn von Kopf

bis Fuß warm durchzog. Im Hahn erwachte jedoch die Eifersucht, als er sah, welch große Wertschätzung man dem Drachen entgegenbrachte. Hätte er bloß sein Geweih selber behalten! Am nächsten Morgen eilte er in aller Frühe zu dem Fluß, wo der Drache wohnte. Dort angelangt rief er: „Drache! Gib mir mein Geweih zurück!"

Der Drache tauchte aus dem Wasser
auf. Er sah großartig aus mit dem
riesigen Geweih auf dem Kopf.
Er sagte: „Lieber Hahn, du siehst so
blendend aus auch ohne das Geweih,
und ich, ich sehe so langweilig aus
ohne das Geweih, bitte laß es mich noch
ein Weilchen behalten!"
„Nein!" rief der Hahn. „Gib es mir sofort zurück!"
Doch der Drache dachte nicht daran,
sein Versprechen zu halten. „Ich muß jetzt gehen",
sagte er. „Ich muß mich um überaus wichtige Dinge
am Grund des Flusses kümmern." Und damit tauchte er ins
Wasser und ließ den kreischenden Hahn am Flußufer stehen.
„Drache, gib mir mein Geweih zurück! Drache, gib mir
mein Geweih zurück!"
Der Karpfen streckte den Kopf aus dem Wasser, um zu sehen,
was der ganze Wirbel zu bedeuten hatte.
„Was ist denn los, Hahn?" fragte er.
„Der Drache will mir mein Geweih nicht mehr wiedergeben,
und daran bist du schuld, Karpfen!" antwortete der Hahn.
„Du wolltest dafür sorgen, daß ich es wohlbehalten
zurückbekomme!"
„Das tut mir aber leid, Hahn. Ich hatte keine Ahnung, daß der
Drache dein Geweih so liebgewinnen würde. Ich hatte keine Ahnung,
daß der Drache so hervorragend aussehen würde mit deinem
Geweih. Ich hatte keine Ahnung, daß der Drache so verwandelt
sein würde mit deinem Geweih", sagte der Karpfen.

Dann tauchte er wieder hinab
ins tiefe Wasser und ließ einen fuchsteufelswild
kreischenden Hahn am Flußufer zurück. „Kikeriki! Kikeriki!"
Wenn du also das nächste Mal in der Morgendämmerung
einen Hahn „Kikeriki! Kikeriki!" rufen hörst, dann wirst du wissen,
daß er „Drache, gib mir mein Geweih zurück! Drache,
gib mir mein Geweih zurück!" schreit.
Was den Drachen betrifft, so wurde er zu dem Tier, das man in
China von allen Tieren am meisten verehrt. Der himmlische Kaiser
verlieh ihm die Gabe des Fluges und stellte sämtliche Gewässer
am Himmel und auf Erden unter seine Obhut.
Der Drache wurde auch zum Wächter über die Zauberperle
ernannt – aber das ist eine andere Geschichte.
Bis zum heutigen Tag laden die Chinesen
den Drachen alljährlich ein, damit er mit ihnen
das Neujahrsfest feiert und den Drachentanz tanzt.

Der gierige Frosch

AUSTRALISCHES MÄRCHEN

Vor der Traumzeit war die Erde tot. Es gab keine Berge, keine Flüsse, keine Tiere, keine Menschen – es war dunkel und dürr, es gab keinen Regen, keinen Wind, nur Stille und Leere. Dann begann sich etwas zu ändern. Die Traumzeit brach an, und wunderbare, seltsame Dinge geschahen. Die Welt wurde erschaffen. Die Regenbogenschlange kam vom Himmel herunter, und während sie durch die Welt glitt, begann sich die Erde zu rühren. Berge erhoben sich, Täler gruben sich ein. Risse taten sich in der Erde auf, Flüsse fingen an zu fließen. Der Boden begann sich mit Bäumen, Blumen, Kräutern und anderen Pflanzen zu bedecken, und gewaltige Stürme wehten Tiere herbei.

In jenen Tagen, als die Erde grün und herrlich war, da lebte ein gigantischer Frosch namens Tiddalick. Nun war dieser Frosch ungeheuer groß, größer als die Felsen, größer als die Berge. Sein Riesenkörper türmte sich zwischen Himmel und Erde auf. War er gut

gelaunt, blieb alles friedlich und ruhig auf
der Erde. Doch wenn er schlecht gelaunt war, dann
bebte der Boden, die Berge wankten, und Felsen stürzten
herab. Sogar Stürme erhoben sich, und wütende Winde heulten.
Eines Morgens erwachte Tiddalick äußerst übel gelaunt. Seine Laune
war so schlecht, daß er zum See hinunterging und trank und trank,
bis er den ganzen See ausgetrunken hatte. Dann ging er zum Fluß.
Auch dort trank er und trank, bis er den ganzen Fluß leergetrunken
hatte. So gierig war der Frosch, daß er Tag und Nacht weitermachte.
Er leerte alle stehenden Gewässer, alle Bäche und Flüsse verschwanden in seinem großen Schlund. Und so trank er alles Wasser im Land,
bis es auf der ganzen Welt keinen einzigen Tropfen mehr gab.
Schließlich war Tiddalick so voll, daß er sich kaum mehr rühren

konnte. Er war so voll, daß er kaum mehr
hopsen konnte. Er war so voll, daß er nur noch
ruhen konnte. Er schloß seine riesigen gelben Augen
und versank in tiefem Schlaf.

Das Land war ausgedörrt, die Flüsse waren trocken, die Erde war
rissig, die Bäche hatten sich zu Staub verwandelt. Die Tiere starben,
die Bäume trockneten aus, die Blätter fielen, die Blumen welkten.
Nichts rührte sich mehr auf der Welt, alles war totenstill.

Mit allerletzter Kraft versammelten sich die Tiere in ihrer großen
Not. Sie riefen: „Tiddalick hat alles Wasser, bis auf den letzten Tropfen, in seinem Bauch, und Regen will auch keiner fallen. Wir haben
nichts zu trinken, wir haben nichts zu essen. Was sollen wir nur tun?"

Der weise alte Wombat sagte: „Laßt uns einer nach dem anderen zu
Tiddalick gehen und ihn bitten, uns unser Wasser zurückzugeben."

Gesagt, getan. Einer nach dem anderen ging zu dem riesigen Frosch. Als erstes kam das Känguruh. Es sagte: „Ich bin das Känguruh, das fröhliche, springende Känguruh. Doch nun habe ich keine Kraft mehr, um zu springen, ich kann nur noch im Staub liegen. Bitte gib uns unser Wasser wieder!"

Dann kam der Dingo. „Ich bin der Dingo, dessen Bellen und Heulen du nachts hören kannst. Doch nun habe ich keine Kraft mehr, um zu bellen. Ich kann nur noch im Staub liegen. Bitte gib uns unser Wasser wieder!"

Dann kam der Rieseneisvogel. „Ich bin der Rieseneisvogel, der gern lustige Geschichten erzählt und Späße macht. Doch nun fehlt mir die Kraft zum Späße machen, ich kann nur noch im Staub liegen. Bitte sei so gut und gib uns unser Wasser wieder."

Aber es nutzte alles nichts. Tiddalick öffnete nicht einmal die Augen. Es sah so aus, als müßten sie alle über kurz oder lang sterben. Allein dieser gierige, übelgelaunte Frosch würde überleben.

Die Tiere grübelten und grübelten nach einem Ausweg. Gerade waren sie im Begriff, es aufzugeben und sich in den Staub zu legen, um zu sterben, als ein winziges Stimmchen ertönte. „Mir ist etwas eingefallen!"

Alle erhoben sich und sahen sich um. Es war die kleine Malabarratte mit den großen Ohren. „Wenn wir Tiddalick nur zum Lachen

brächten, käme das ganze Wasser, das er im Bauch hat, wieder zu
seinem Mund heraus", fuhr sie fort.

Die Tiere boten ihr letztes bißchen Kraft auf, um einen Kreis um
den Ruheplatz des Riesenfrosches zu bilden. Hunderte und Aber-
hunderte Tiere kamen, um zu sehen, ob es einem von ihnen gelingen
würde, Tiddalick zum Lachen zu bringen. Auch die Vögel und die
Insekten waren da.

Erst erzählte der Rieseneisvogel seine lustigsten Geschichten. Alle
lachten sich halbtot, nur Tiddalick nicht. Er öffnete nicht einmal die
Augen.

Als nächstes rannten der Emu und das Känguruh immer rundum im
Kreis und machten dabei Sätze übereinander hinweg. Alle lachten
sich halbtot, nur Tiddalick nicht. Er öffnete nicht einmal die Augen.

Dann kam die Eidechse. Sie zog die komischsten Grimassen, streckte
die Zunge heraus und wirbelte auf den Hinterbeinen im Kreis. Alle
lachten sich halbtot, nur Tiddalick nicht. Er öffnete nicht einmal die
Augen.

Die Tiere riefen: „Jetzt komm schon, Tiddalick! Lach doch, du
riesiger, fetter, aufgedunsener, glucksender Frosch! Wenn du dich
nur sehen könntest, dann würdest du lachen, bis dir die Tränen
kämen."

Aber es war hoffnungslos. Schon dachten die Tiere, nun seien sie

endgültig dem Untergang geweiht, und sie gaben jegliche Hoffnung auf, jemals wieder einen Tropfen Wasser zu trinken.

Doch da hörten sie einen seltsamen, leisen Schrei: „Laßt es mich probieren! Laßt es mich probieren!" Es war Noyang, der Aal, den die Dürre aus seinem Lieblingsbach vertrieben hatte.

Nun glitt er zu dem fetten, übelgelaunten Frosch und begann zu tanzen. Anfangs waren seine Bewegungen langsam und anmutig, doch schon bald tanzte er schneller und immer schneller und schlängelte und wand sich dabei zu den sonderbarsten und komischsten Gestalten. Wie zu einer Spirale aufgerollt, schnellte er in die Luft, um sich dort hopsend und wirbelnd wieder zu entrollen. Zum Abschluß sprang er auf den dicken Froschbauch, wo er quirlte und kreiselte wie Wurrawilberoo, der Wirbelwind.

Tiddalick begann zu beben. Immer stärker und stärker bebte er, bis aus dem Beben ein Kichern wurde. Immer stärker und stärker kicherte er, bis aus dem Kichern ein Gurgeln wurde. Immer stärker und stärker gurgelte er, bis die ganze Erde zitterte und wankte. Und dann, ganz plötzlich, begann er zu lachen. Die Tiere rannten davon

und suchten Unterschlupf, als das Wasser aus seinem Mund hervorgeschossen kam wie ein Wasserfall, der einen Berghang hinunterstürzt. Tiddalick lachte, bis alles Wasser aus seinem Bauch geflossen war, um Seen und Teiche, Sümpfe und Flüsse zu füllen.

Nun zeigte sich auf der ganzen Erde wieder neues Leben. Die Welt erwachte wie aus einem tiefen Schlaf. Tiere, Pflanzen und Bäume begannen sich zu rühren und ihren Pflichten nachzugehen wie zuvor. Langsam wurde die Welt wieder schön.

Seitdem wissen die Aborigines, die Ureinwohner von Australien,

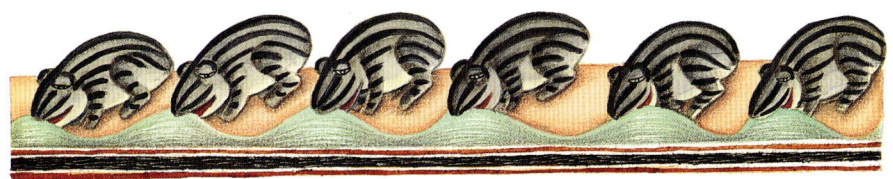

wann eine Dürre naht. Die kleinen Frösche, Nachkommen von Tiddalick, zeigen es ihnen. Sie füllen sich nämlich mit Wasser und graben sich in die Erde ein. Und dort warten sie ab, bis der Regen wieder fällt.

Die Bremer Stadtmusikanten

DEUTSCHES MÄRCHEN

Vor langer Zeit lebte ein Bauer, der hatte einen Esel, der ihm viele, viele Jahre treu diente. Solange es ihm möglich war, trug der Esel Kornsäcke zur Mühle und Mehl- und Kartoffelsäcke zum Markt. Doch schließlich wurde er alt und schwach und konnte dem Bauern nicht mehr dienen. Da entschloß sich sein Herr, ihn weit, weit in die Ferne zu schicken, und zwar für immer und ewig. Als der alte Esel das hörte, wurde er sehr traurig. Er wollte nicht für immer und ewig in die Ferne geschickt werden.

Eines Abends, der Esel stand mitten auf einem grünen Feld, sah er zum Vollmond empor, der über ihm leuchtete. Er schloß die Augen und sagte zu sich: „Ich muß einen Ausweg finden! Ich muß einen Ausweg finden! Bitte, großer Mond, der du so hell strahlst, kannst du mir helfen, freizukommen?"

Als er die Augen wieder öffnete, kam ihm eine Idee. „Aber natürlich!" rief er. „Ich werde Reißaus nehmen! Ich werde nach Bremen gehen, um Stadtmusikant zu werden!"

Der Esel rannte übers Feld und sprang mit einem gewaltigen Satz über den Zaun. Er war frei! Er trottete die Straße nach Bremen entlang. Nun war er unterwegs zu einem neuen Leben. Der alte Esel war glücklich. Singend machte er sich auf den Weg in die weite Welt hinaus.

Und so ging er fort und fort, bis er plötzlich jemanden am Straßenrand sah. Es war ein alter Hund, ein sehr trauriger alter Hund.

Der Esel fragte: „Warum bist du denn so traurig, Hund?"

Der Hund gab zurück: „Jeden Tag werde ich älter und schwächer, und nun gelingt es mir nicht mehr, meinen Herrn bei der Jagd zu unterstützen. Deshalb hat er sich entschlossen, mich weit, weit in die Ferne zu schicken, und zwar für immer und ewig. Aber ich will nicht für immer und ewig in die Ferne geschickt werden!"

„Na sowas!" sagte der Esel. „Warum nimmst du nicht Reißaus, gehst mit mir nach Bremen und wirst Musikant?"

„Ja, das würde mir gefallen!" gab der Hund schwanzwedelnd zur Antwort.

Also machten sich die beiden singend auf den Weg in die weite Welt hinaus. So gingen sie fort und fort, bis sie plötzlich etwas in der Ferne sahen. Es war eine sehr, sehr traurige alte Katze, die am Straßenrand hockte.

Der Esel fragte: „Warum bist du denn so traurig, Katze?"

Die Katze gab zurück: „Ich werde jeden Tag älter und schwächer und schaffe es nicht mehr, die Mäuse im Haus zu fangen. Deshalb hat sich meine Herrin entschlossen, mich weit, weit in die Ferne zu schicken, und zwar für immer und ewig. Und ich will nicht für immer und ewig in die Ferne geschickt werden.

„Na sowas!" sagte der Esel. „Warum nimmst du nicht Reißaus, gehst mit uns nach Bremen und wirst Musikant?"

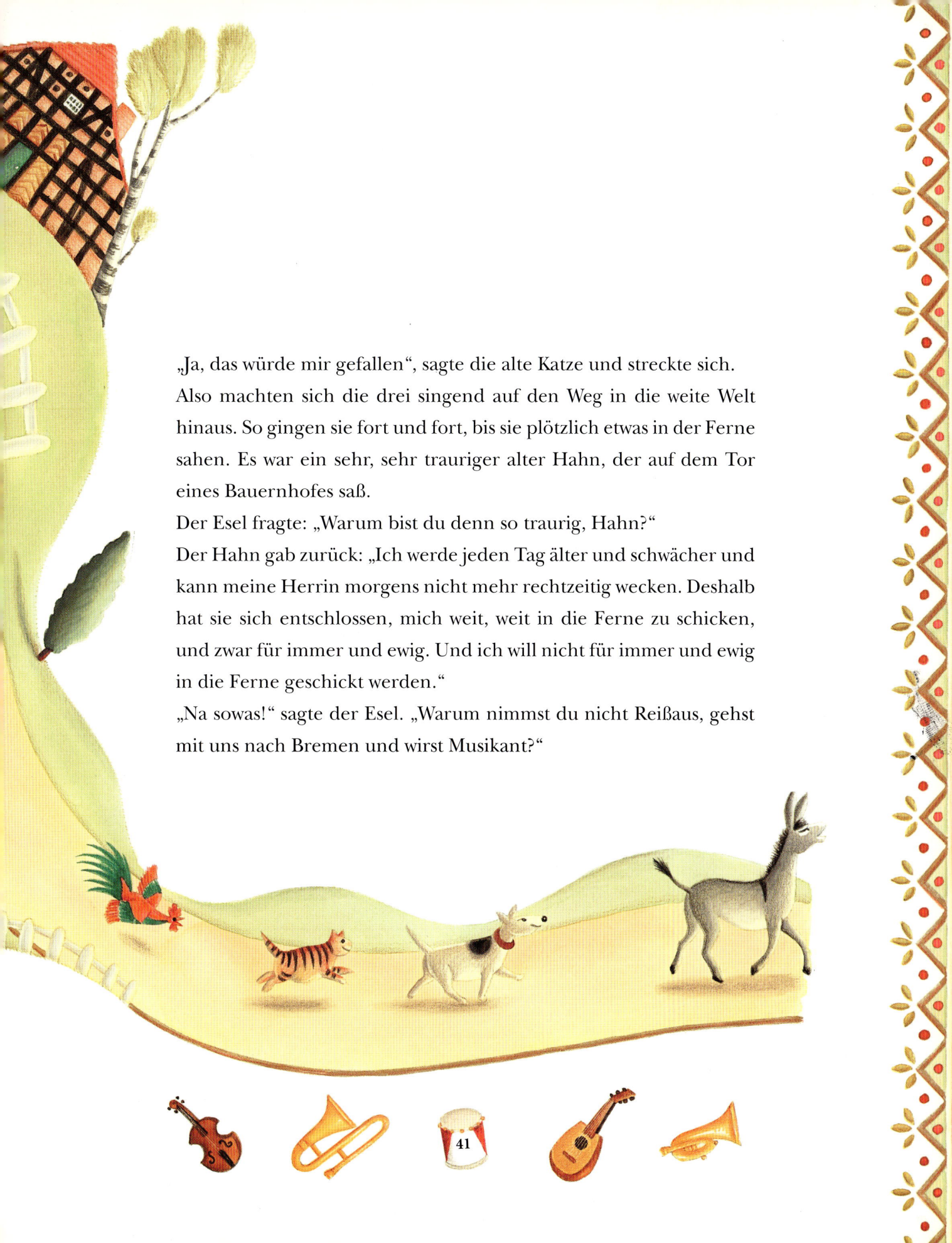

„Ja, das würde mir gefallen", sagte die alte Katze und streckte sich.
Also machten sich die drei singend auf den Weg in die weite Welt
hinaus. So gingen sie fort und fort, bis sie plötzlich etwas in der Ferne
sahen. Es war ein sehr, sehr trauriger alter Hahn, der auf dem Tor
eines Bauernhofes saß.

Der Esel fragte: „Warum bist du denn so traurig, Hahn?"

Der Hahn gab zurück: „Ich werde jeden Tag älter und schwächer und
kann meine Herrin morgens nicht mehr rechtzeitig wecken. Deshalb
hat sie sich entschlossen, mich weit, weit in die Ferne zu schicken,
und zwar für immer und ewig. Und ich will nicht für immer und ewig
in die Ferne geschickt werden."

„Na sowas!" sagte der Esel. „Warum nimmst du nicht Reißaus, gehst
mit uns nach Bremen und wirst Musikant?"

„Ja, das würde mir gefallen", sagte der Hahn, schlug mit den Flügeln und flatterte auf die Straße herunter.

Also machten sich die vier singend auf den Weg in die weite Welt hinaus. So gingen sie fort und fort, bis sie so müde waren, daß sie nicht mehr weiter konnten.

„Laßt uns unter dieser großen Eiche die Nacht verbringen", schlug der Esel vor. Er und der Hund legten sich am Fuß des Baumes ins Moos, die Katze kletterte ins Geäst, und der Hahn flatterte bis hinauf zur Spitze. Doch bevor er die Augen schloß, sah er sich nach allen Seiten um. Da, in der Ferne blitzte ein Licht. Er rief seinen Reisegefährten zu: „Nicht weit von hier steht ein Haus!"

„Wenn das so ist", sagte der Esel, „dann sollten wir dort hingehen, denn hier ist es nicht sehr gemütlich."

„Ja, da hast du recht!" stimmte der Hund zu. „Gegen ein paar Knochen mit einem bißchen Fleisch daran hätte ich nichts einzuwenden."

Ein wenig Heu, Fisch und Getreide könnte nicht schaden nach so einem langen Marsch, fanden auch die anderen. Also machten sich die vier Freunde gleich auf den Weg.

Als sie bei dem Haus ankamen, ging der Esel zum Fenster und sah hinein.

„Was siehst du, Esel?" wollte der neugierige Hahn wissen.

„Ich sehe einen mit Speisen und Getränken beladenen Tisch, um den sieben Räuber sitzen", antwortete der Esel.

„Hört sich an, als wären wir hier genau richtig", meinte der Hund.

„Ja, ich wollte nur, wir säßen drinnen am Tisch", sagte der Esel.

„Aber wie wollen wir diese Räuber verjagen?" erkundigte sich die Katze.

Der Esel sah zum Vollmond empor, der leuchtend am Nachthimmel stand. Er schloß die Augen und sagte zu sich selbst: „Ich muß einen Weg finden!" Dann machte er die Augen wieder auf, und im selben Augenblick kam ihm blitzartig ein Einfall.

„Ich habe einen Plan", sagte er. Er stellte die Vorderfüße aufs Fensterbrett und rief: „Hund, stell du dich auf meinen Rücken! Katze, stell du dich auf den Rücken des Hundes! Hahn, stell du dich auf den Rücken der Katze! Und sobald ich ein Signal gebe, machen wir alle Musik."

Gesagt, getan. Als der Esel das Signal gab, begannen sie mit ihrem Konzert. Der Esel schrie aus Leibeskräften, der Hund bellte, die Katze miaute, der Hahn krähte.

43

Sie machten so einen schrecklichen Lärm, daß die Fensterscheiben
klirrend zerbarsten. Nun flatterte der Hahn in die Hütte hinein,
Katze, Hund und Esel folgten hinterher.
Die schauerlichen Klänge der Musikanten jagten den Räubern eine

solche Angst ein, daß sie aufsprangen und dachten, ein riesiges
Gespenst wolle sie heimsuchen.
Sie ließen alles fallen, ergriffen die Flucht und rannten in den Wald,
so schnell sie nur konnten.

Nun setzten sich die vier Freunde an den Tisch und aßen und tranken, was das Herz begehrte. Danach löschten sie das Licht und suchten sich jeder für sich einen Schlafplatz aus. Der Esel legte sich draußen auf den Mist, der Hund nahm drinnen hinter der Tür Platz, die Katze rollte sich in der Feuerstelle bei der warmen Asche zusammen, der Hahn hockte sich auf einen Dachbalken. Alle waren sie so erschöpft von dem langen Marsch, daß sie schon bald fest eingeschlafen waren.

Die Räuber im Wald schliefen nicht, nein, sie warteten in der Ferne und beobachteten das Haus. Als alles still war und das Licht verlöschte, faßten sie wieder Mut. Der Räuberhauptmann schickte einen seiner Männer aus, um das Haus zu untersuchen.

Nichts rührte sich, als der Räuber durch das offene Fenster kletterte. Von der Feuerstelle her leuchtete ein Augenpaar, doch er hielt es für Glut. Weil er Licht haben wollte, hielt er ein Schwefelhölzchen daran, damit es Feuer fing. Statt dessen sprang ihm eine spuckende, fauchende und kratzende Katze ins Gesicht.

Da bekam es der Räuber so mit der Angst zu tun, daß er geradewegs auf die Tür zulief. Doch nun erwachte Hund, der auf der Fußmatte lag, und biß ihn so fest er nur konnte ins Bein. Als der Räuber draußen über den Mist hinkte, bekam er von dem Esel, der sich dort niedergelassen hatte, einen heftigen Tritt. Der Hahn, der ebenfalls munter geworden war, schrie so laut er nur konnte: „Kikeriki! Kikeriki! Kikeriki!"

Da rannte der Räuber, so schnell in seine Beine trugen, in den Wald zurück und schrie: „Wir müssen fort von hier! In dem Haus ist eine greuliche Hexe! Sie hat mir mit ihren langen Fingernägeln das Gesicht zerkratzt! An der Tür stand ein Mann, der hat mich mit seinem Messer ins Bein gestochen! Und im Hof liegt ein Ungetüm, das hat mit einem Prügel auf mich eingeschlagen! Und oben auf dem Dach sitzt der Richter, der hat gerufen: ‚Packt den Räuber und bringt ihn mir!'"

Und die Räuber fürchteten sich so, daß sie alle davonliefen, so schnell sie nur konnten, und niemals mehr in ihr Haus zurückkehrten.

Den vier Freunden gefiel's aber so gut darin, daß sie nicht wieder heraus wollten.

Trau niemals einem Pelikan

THAILÄNDISCHES MÄRCHEN

Viele, viele Meilen von hier entfernt liegt ein Land von großer Schönheit. Vor langer, langer Zeit gab es dort einen wunderschönen See,
der eingebettet war in einen tiefen, grünen Wald und hohe Berge.
Ein mächtiger Fluß ergoß sich in den See, ein Fluß, der aus einer
Bergquelle entsprang, ein Fluß, der von weit, weit her über Felsen
und Kaskaden strömte, Wasserfälle hinunterstürzte und sich einen
Weg bis hin zu dem herrlichen See suchte. Im See herrschte reges
Leben – da wuchsen Pflanzen in Hülle und Fülle, und Frösche, Fische
und sogar Krebse tummelten sich darin.
Nun gab es auch einen Pelikan, der an diesem See lebte. Es war schon
lange, lange her, daß er Familie und Freunde verloren hatte. Nun war
er alt und schwach und wohnte ganz allein am Ufer des Sees.

Jeden Tag watete er ins tiefere Wasser, um dort die vorbeischwimmenden, saftigen Fischchen zu schnappen. Doch nun, da er älter und gebrechlicher wurde, fiel es ihm immer schwerer, die kleinen, verspielten Tiere zu fangen. An den meisten Tagen ging er hungrig und elend nach Hause, bis ihm klar wurde, daß er bald sterben würde, wenn es ihm nicht gelänge, auch nur einen einzigen Fisch zu fangen.

Eines Tages starrte der Pelikan ins Wasser und zerbrach sich den Kopf, wie er die Fische fangen könnte, ohne sich so plagen zu müssen. Plötzlich, als er sein Spiegelbild im Wasser sah und erkannte, was für ein wundervoller und schlauer Vogel er war,

kam ihm ein ungeheuerlicher, schlauer Einfall. „Ja!" lachte er laut auf. „Genau das werde ich tun!" Gesagt, getan.

Mit schrecklich sorgenvoller Miene bezog der Pelikan am Seeufer Stellung und machte nicht einmal einen Versuch, die vorüberschwimmenden Fische zu fangen. Den anderen Seebewohnern fiel auf, wie traurig der Pelikan war, und sie begannen sich zu fragen, was ihm wohl zugestoßen sein mochte.

Der alte Krebs, der Weiseste und Mutigste unter ihnen, kam herbei und fragte: „Warum bist du denn so traurig, Pelikan?"

„O jemine, o jemine!" war die Antwort des Pelikans. „Auf diesen See kommen schlechte Zeiten zu. Uns Tieren droht große Gefahr!"

„Ach du liebe Güte! Was für eine Gefahr? Bitte sag es mir!" bat der Krebs.

„In der Tat schweben wir alle in großer Gefahr", wiederholte der Pelikan. „Bald wird kein Wasser mehr vom Berg herabfließen. Der Fluß wird nicht mehr über die Felsen sprudeln, der See wird austrocknen. Wir werden alle sterben."

Sehr beunruhigt gab der Krebs die Neuigkeiten an die Fische und Frösche weiter. Die Fische waren besonders beunruhigt. Immerhin konnte der Pelikan davonfliegen, die Frösche konnten davonhopsen und die Krebse seitwärts davonkriechen. Nur die armen Fische konnten weder fliegen, hopsen noch kriechen.

Sie gerieten in Panik, schwammen unentwegt im Kreis und klagten: „Was soll aus uns und unseren Kindern werden? Was soll nur aus uns werden?"

Nun schwamm der größte, fetteste Fisch ans Ufer und sagte: „Lieber Pelikan, da hast du uns ja wirklich schlimme Neuigkeiten gebracht! Aber du bist so ein kluger Kerl, also sag uns bitte, wie wir uns retten können!"

Der Pelikan erwiderte: „Zwar bin ich nur ein Vogel, doch ist es schon möglich, daß ich euch ein kleines bißchen helfen kann. Ein Stück entfernt gibt es nämlich einen See, der sogar noch größer und

schöner ist als dieser hier. In der Mitte sprudelt eine Quelle, die niemals versiegen wird. Dieser See wird nicht austrocknen. Wenn ihr wollt, kann ich euch hinbringen."

„Du bist wirklich ein guter Freund!" lobte der Fisch. „Du bist unser Retter! Bitte bringe uns in deinem Schnabel zu diesem anderen See!"

„Eine überaus schwierige Aufgabe", meinte der Pelikan. „Aber ich werde mein Bestes tun."

Als die Fische das hörten, begannen sie zu rufen: „Ich zuerst! Ich zuerst!"

„Geduld!" mahnte der Pelikan. „Ich kann jeweils nur ein paar wenige von euch tragen. Doch werde ich so viele Flüge auf mich nehmen, wie nötig sind. Nur kann es sein, daß ich viele Ruhepausen einlegen muß, weil ich schon alt und gebrechlich bin. Also kann der Umzug ein Weilchen dauern. Aber ihr habt mein Versprechen, daß ich euch alle retten werde."

Der Pelikan wählte sich die dicksten Fische aus, brachte sie in seinem Schnabel unter und flog zur anderen Seite des tiefen, grünen Waldes.

Dort landete er auf einem großen Felsen und fraß seine Passagiere in aller Ruhe auf. Nur einige Flossen und Gräten blieben auf dem Felsen zurück.

Dann machte er kehrt, um die nächste Ladung zu holen. Er brauchte nur zu sagen: „Wer ist der Nächste?", da riefen die Fische schon: „Ich! Nimm mich!"

Also nahm er wieder ein paar in den Schnabel und flog mit ihnen zum Felsen, wo er sie ebenfalls verschlang.

War der Pelikan satt, dann ruhte er sich aus und schlief in der herrlich warmen Sonne. War er hungrig, dann flog er zurück zum

See, wo die Fische schon sehnlichst darauf warteten, ebenfalls gerettet zu werden.

Eines Tages begann der älteste und weiseste Krebs, sich Gedanken zu machen über die angekündigte große Gefahr. Er war anders als die Fische, da er viel auf Reisen gewesen war und viele Dinge gesehen und erfahren hatte. Langsam begann er an dieser Geschichte vom austrocknenden See zu zweifeln. Denn das Wasser kam vom Berg geflossen wie eh und je. Ob man dem Pelikan trauen konnte?

Der Krebs entschloß sich, herauszufinden, was da vor sich ging. Und als der Pelikan am nächsten Tag am See anlangte und: „Wer ist der Nächste?" rief, antwortete der Krebs: „Nimm mich! Nimm mich, lieber Pelikan!"

Der Pelikan war entzückt, denn die ständige Fischkost begann ihm langweilig zu werden. Er hatte große Lust auf Krebsfleisch und willigte ohne weiteres ein. „Ich stehe dir zu Diensten. Komm, ich werde dich zu dem neuen See bringen!"

Der Pelikan nahm den Krebs in den Schnabel und flog über den tiefen, grünen Wald hinweg zu dem großen Felsen auf der anderen Seite. Als der Krebs nach unten schaute, wo er einen schönen See erwartete, sah er nur einen großen Felsen, auf dem viele Flossen und Gräten lagen. Da wußte er, was hier gespielt wurde.

Der Krebs hatte große Angst. Denn auf der Stelle wurde ihm klar, daß der Pelikan auf dem Felsen landen würde, um ihm dort den Garaus zu machen und ihn zu verspeisen. Er zermarterte sich den Kopf. Was konnte er unternehmen, um sich selbst und die restlichen Fische zu retten?

Ganz plötzlich schloß er seine kräftigen Zangen um den Pelikanhals. Der Pelikan setzte sich heftig zur Wehr, er schlug panisch mit den

Flügeln und versuchte mit aller Kraft, sich zu befreien. Aber der Krebs schloß die Zangen nur immer noch fester um den Vogelhals. Und es dauerte nicht lange, bis der Pelikan wie ein Stein zu Boden fiel und tot liegenblieb.

Langsam, seitwärts kriechend, wie es seine Art war, trat der Krebs den langen Heimweg an. Als er schließlich den See erreichte, waren die Fische höchst verwundert.

„Warum bist du zurückgekommen? Und wo ist der Pelikan?" riefen sie.

Der alte Krebs erzählte, wie der Pelikan sie hintergangen hatte und wie er schließlich zu Tode kam.

Von diesem Tag an haben weder Frösche, Fische noch Krebse jemals wieder mit einem Pelikan Freundschaft geschlossen.

Das Affenherz

AFRIKANISCHES MÄRCHEN

Vor langer, langer Zeit lebte in Afrika eine alte Schildkröte. Eines Tages hatte sie einen seltsamen und wunderbaren Traum von einem Zauberbaum, auf dem alle Früchte der Erde wuchsen. Nachdem sie ihren Freunden davon erzählt hatte, machten sie sich gemeinsam auf die Suche nach dem geheimen Platz, an dem der Baum stand. Die Schildkröte ging voraus, es folgte der Löwe, dann kamen Nilpferd, Giraffe, Elefant, Affe, Zebra, Hyäne und Gazelle. Sie suchten und suchten, bis sie den geheimen Ort eines Tages tatsächlich fanden. Es war das Schönste, was die Tiere jemals gesehen hatten: ein Baum voll mit allen Früchten der Welt.

Die Schildkröte sprach das Zauberwort, damit die Früchte zu Boden fielen, dann aßen alle nach Herzenslust. Als sie sich wieder auf den Heimweg machen wollten, rief die Schildkröte: „Es soll sich jeder

einen anderen Samen nehmen und
ihn aussäen, damit auf der ganzen Welt
die verschiedensten Obstbäume wachsen!"
Und genau das taten die Tiere.

Der Affe nahm sich einen Mangosamen und steckte ihn an seinem
Lieblingsplatz am Fluß in den Boden. Als der Baum ausgewachsen
war, trug er die köstlichsten Früchte. Der Affe richtete sich häuslich
im Geäst ein und genoß das saftige Obst.

Da er ein netter und großzügiger Affe war, teilte er die Mangos mit
allen Tieren des Dschungels. Jeden Tag kamen seine Freunde zu dem
Baum: der Löwe war da, das Nilpferd, das Zebra, die Giraffe, die
Schildkröte und viele andere mehr. Plaudernd und schwatzend
labten sie sich an den Früchten.

Eines Tages kam ein Krokodil den Fluß heraufgeschwommen, und
als es die um den Mangobaum versammelten Tiere sah, hielt es in

 57

einigem Abstand an, um zu sehen, was da vor sich ging. Plötzlich
entdeckte der Affe das Krokodil. Er hatte es noch nie zuvor gesehen
und lud es ein, seine köstlichen Früchte zu probieren.

„Magst du eine Mango essen?"

„Mango habe ich noch nie gekostet", antwortete das Krokodil.

„Fang auf!" rief der Affe.

Das Krokodil aß die Mango und sagte:

„Köstlich, wirklich köstlich! Ich danke dir,

Affe." Und so warf der Affe noch viele,

viele Mangos herunter, und das Krokodil

blieb auf einen langen Schwatz.

Von nun an kam es jeden Tag den Fluß

heraufgeschwommen, um den Affen

zu besuchen, und sie wurden sehr gute Freunde.

Einmal, als sie über dieses und jenes plauderten,

erzählte das Krokodil, es sei Mitglied eines ganzen

Stammes von Krokodilen, und ihr Oberkrokodil sei

ein sehr bedeutendes und kluges Tier.

„Du hättest mir schon früher von deinem Oberkrokodil erzählen
sollen, damit ich ihm von meinen köstlichen Mangos hätte schenken
können", rügte der Affe.

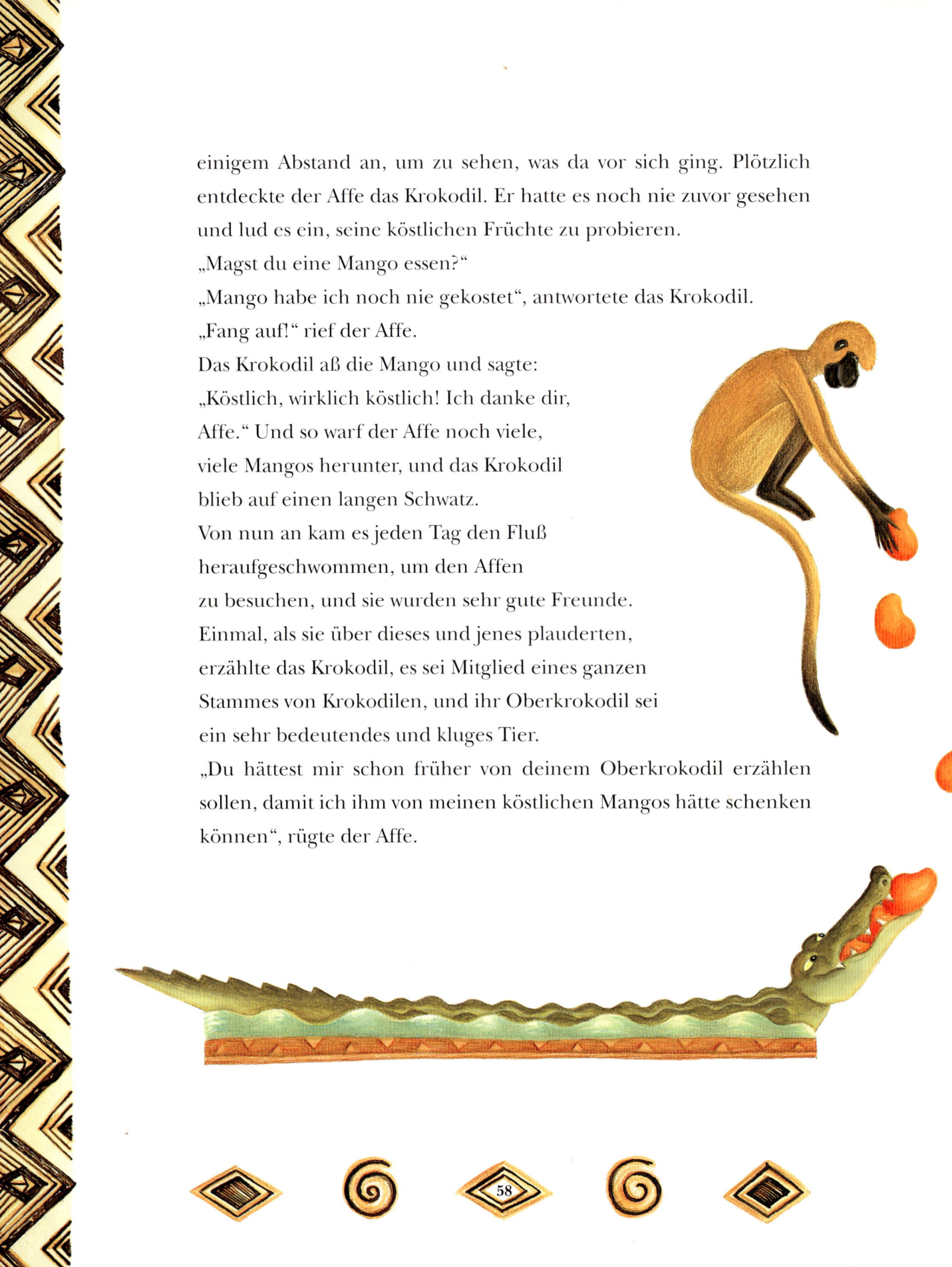

„Mein Oberkrokodil würde deine Mangos sicher liebend gern probieren", erwiderte das Krokodil. Also pflückte der Affe viele Früchte und warf sie dem Krokodil in das offene Maul.

Das Krokodil schwamm zu seinem Stamm zurück, wo es die Früchte mit dem Oberkrokodil und den anderen Krokodilen teilte. Dabei erzählte es von seinem großartigen neuen Freund, dem Affen.

Das Oberkrokodil war begeistert von den Mangos. Es forderte das Krokodil auf, noch mehr zu bringen, und das Krokodil versprach, bei jedem Besuch für Nachschub zu sorgen.

Schließlich kam dem Oberkrokodil ein Gedanke: „Wenn dieser Affe jeden Tag derart köstliche Mangos ißt, gibt er bestimmt auch selber eine köstliche Mahlzeit ab."

Wenn es den Affen doch bloß herlocken könnte! Aber das würde gar nicht so einfach sein, denn wie gern das Krokodil den Affen hatte, wußte das Oberkrokodil wohl. Also dachte es sich einen hervorragenden Plan aus.

Als das Krokodil an diesem Tag von seinem Ausflug zurückkam, legte sich das Oberkrokodil auf den Grund des Flusses und tat so, als ob er schwerkrank sei. Das Krokodil kam herbeigeschwommen und fragte: „Was ist denn los mit dir, Oberkrokodil?"

Das Oberkrokodil antwortete: „Ich bin sehr krank, und der Hexendoktor hat gesagt, daß nur ein Affenherz mich heilen könne. Du mußt mir auf der Stelle eines besorgen, sonst werde ich sicherlich sterben."

Das Krokodil war in großer Verlegenheit. Wo sollte es ein Affenherz auftreiben? Affen waren schwer zu fangen. Da fiel ihm plötzlich sein Freund ein. Zutiefst betrübt dachte er sich: „Ach herrje, ach herrje! Was soll ich nur tun? Ich liebe diesen kleinen Affen, er ist ein guter Freund. Aber mein Oberkrokodil liebe ich auch, es ist mein Anführer, und es wird sterben, wenn es kein Affenherz bekommt."

Dem armen Krokodil rauchte der Kopf, während es versuchte, zu einem Entschluß zu kommen. Schließlich sagte es sich, daß sein Oberkrokodil wichtiger sei, also müsse es ihm das Herz seines Freundes bringen.

Früh am nächsten Morgen machte sich das Krokodil auf zum Mangobaum. Unterwegs schmiedete es Pläne. Wie üblich war der Affe entzückt, seinen Freund zu sehen.

„Willkommen, mein Lieber! Ich freue mich, daß du mich besuchen kommst!"

Das Krokodil sagte: „Affe, du warst sehr gut zu mir in den letzten Wochen, und auch meinem Stamm hast du so herrliche Früchte geschenkt. Zum Ausgleich möchte ich etwas für dich tun. Schon lange wollte ich dich in mein Heim über dem Fluß einladen, um dir Gastfreundschaft anzubieten und dir meine Stammesgenossen vorzustellen. Meinem Oberkrokodil wäre es eine große Ehre, deine Bekanntschaft zu machen."

„Wie lieb von dir, mich zu dir nach Hause einzuladen", entgegnete der Affe. „Auch ich würde dein Oberkrokodil und deinen Stamm

gern kennenlernen. Bloß – wie komme ich hin? Du lebst im Wasser, doch ich würde unterwegs ertrinken. Denn weißt du, liebes Krokodil, schwimmen kann ich nicht."

„Kein Problem", gab das Krokodil zurück. „Wir wohnen am Ufer wie im Wasser. Und was das Überqueren des Flusses betrifft, so setzt du dich auf meinen Rücken, damit ich dich zur anderen Seite bringen kann."

Glücklich willigte der Affe ein. Er sprang vom Baum direkt auf den Rücken des Krokodils. Doch als sie in der Mitte des Flusses angekommen waren, ließ sich das Krokodil immer tiefer ins Wasser sinken. Sein Plan war, den Affen zu ertränken, bevor sie am Ufer anlangten.

Da das Krokodil immer weiter absank, rief der Affe: „Ich werde naß, Krokodil! Du darfst nicht so weit untertauchen!"

Ohne eine Antwort zu geben, ließ sich das Krokodil noch tiefer sinken. Jetzt merkte der Affe, daß da etwas nicht mit rechten Dingen zuging, und er bekam große Angst. „Was hast du vor?" schrie er. „Wenn du noch weiter hinuntertauchst, werde ich ertrinken!"

Das Krokodil antwortete: „Mein guter Freund, ich will dir die Wahrheit nicht verheimlichen. Mein Oberkrokodil ist schwer erkrankt, und es wird sterben, wenn es nicht sofort ein Affenherz zu essen bekommt."

Der Affe war so entsetzt, daß er sich auf die Lippe biß, um nicht aufzuschreien. Er zermarterte sich den Kopf, wie er sich retten könnte. Schließlich sagte er so gelassen wie nur möglich: „Warum hast du mir denn nicht gleich gesagt, daß du mein Herz brauchst, um dein Oberkrokodil zu retten? Dann hätte ich es nämlich mitgebracht."

„Was? Du hast dein Herz gar nicht dabei?" rief das Krokodil verblüfft.

„Nein", sagte der Affe. „Ich lasse es immer im Mangobaum, wenn ich einen Ausflug mache. Komm, wir kehren auf der Stelle um und holen es."

Das Krokodil wendete und schwamm schnell zurück zum anderen Ufer. Dort angelangt, sprang der Affe vom Rücken des Krokodils, kletterte rasch auf den Mangobaum und rief herunter: „Wußtest du nicht, du dummes altes Krokodil,

daß Affen ihr Herz in der Brust haben wie alle anderen Kreaturen auch? Hast du wirklich von mir erwartet, daß ich dich zu deinem Stamm begleite, um dort den Tod zu finden?" Und dann lachte er und lachte. „Geh zu deinem Stamm zurück! Mit unserer Freundschaft ist es aus und vorbei!"

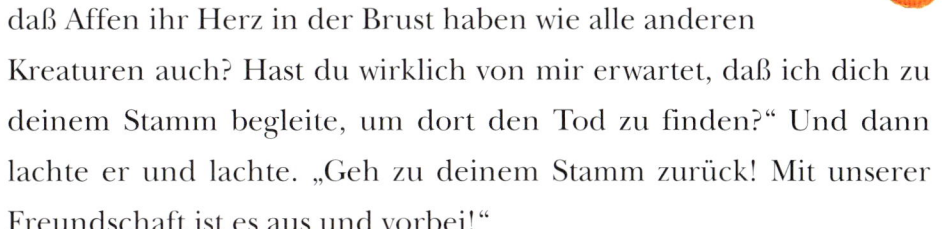

Sehr beschämt schwamm das Krokodil den Fluß hinab. Als ihm klar wurde, wie töricht es gewesen war und daß es nun seinen besten Freund verloren hatte, vergoß es eine große Krokodilsträne. Der Affe hörte gar nicht mehr auf zu lachen und warf dem dummen alten Krokodil verfaulte Mangos hinterher. Als die anderen Dschungeltiere das laute Gelächter hörten, kamen sie herbei, um zu sehen, was da vor sich ging. Sie stellten sich

um den Mangobaum und ließen sich erzählen, wie der Affe das Krokodil überlistet hatte. Und dann warnte der Affe sie davor, sich jemals mit einem Krokodil anzufreunden.

Sedna und der Möwenkönig

ESKIMO-MÄRCHEN

In einer sehr, sehr kalten Gegend, wo das Land nur aus Eis und Schnee und aus Felsen und Bergen besteht, wo das Meer unentwegt wütet und die Winde heulen, wo die Winter lang und dunkel sind, dort, an diesem kalten, rauhen Ort, wohnen die Inuit.

Die Inuit erzählen sich viele Geschichten aus einer Zeit, als noch unglaubliche Dinge geschahen. In jenen Tagen bewohnten nämlich Fabelwesen und Zauberkreaturen das gefrorene Land. Vielleicht tun sie es immer noch, wer weiß?

In diesem kalten Landstrich wohnte Sedna – ein sehr schönes Mädchen mit langem, dunklem Haar und großen Augen, so schwarz wie der Mitternachtshimmel. Sie wohnte inmitten der kalten Eisberge und der wilden Wolken in einem Iglu. Ihr Vater, ein tapferer alter Jäger, hatte sein Leben der Erziehung seiner geliebten Tochter gewidmet.

64

Den langen, dunklen Winter verbrachten Sedna und ihr Vater damit, zu jagen, zu kochen, Tierhäute zu trocknen und aus Fellen Kleider zu nähen. Im Frühling ließ die Sonne die Eisberge funkeln und schenkte den Menschen Wärme und Hoffnung. Als ein Teil des Schnees wegschmolz, tauchten Blumen auf und überzogen den Boden mit einem üppigen Teppich aus Blau, Gelb, Purpur und Weiß. An diesen funkelnden Tagen rannte Sedna hinaus und spielte, aber nicht mit anderen Kindern, nein, sie spielte mit den Vögeln. Sie tanzte zu ihrem Flug, sie sang zu ihren Rufen. Ihr bester Freund war der Seemöwenkönig, der stark war und schön, stolz und mächtig. Seine Schwingen waren riesig, er trug ein silbergraues Federkleid, und seine Augen leuchteten wie die Sterne am Himmel. Man brachte ihm großen Respekt entgegen, und die Vögel seines Königreichs liebten ihn sehr.

Es kam die Zeit, da Sednas Vater erwartete, seine Tochter würde sich einen Mann nehmen. Viele junge Jäger kamen, um ihr den Hof zu machen. Aber Sedna interessierte sich für keinen von ihnen.

65

Ihr Vater begann sich Sorgen zu machen und pflegte zu sagen: „Sedna, ich werde nicht mehr ewig dasein können, um für dich zu jagen. Es wird Zeit, daß du dir einen netten, jungen Jäger nimmst, der für dich sorgen kann. Du mußt aufhören zu träumen und mit den Vögeln zu tanzen. Sie sind nicht von deiner Art."

Sedna warf dann ihr rabenschwarzes Haar zurück und gab zur Antwort: „Lieber Vater, es gibt keinen einzigen Mann auf der Welt, den ich zum Gatten nehmen möchte."

Denn im Inneren ihres Herzens liebte sie den Möwenkönig. Den wollte sie zum Mann haben. Doch befürchtete sie, ihren Vater damit zu verstimmen, und das machte sie traurig. Genau in dem Augenblick, wo ihr diese Gedanken durch den Kopf gingen,

flog der Möwenkönig über sie hinweg. Als er ihre Trauer sah, fühlte er ein Glühen in seinem Herzen. Und da wußte auch er, daß er Sedna zur Frau haben wollte.

Also nahm er Zuflucht zu seinen Zauberkräften und verwandelte sich in einen Mann. So verkleidet kam er zum Iglu und bat um Sednas Hand. Sedna war entzückt, und es gelang ihr kaum, ihre Freude zu zügeln, als sie erkannte, wer der junge Mann in Wirklichkeit war. Ihr Vater gab sein Einverständnis. Und so kam es, daß Sedna mit dem Möwenkönig ihre Heimat verließ, um dort zu leben, wo die Vögel zu Hause waren. Sie küßte ihren Vater zum Abschied, und er wünschte

ihr viel Glück, als er sie für immer ziehen ließ.

Am Meeresufer wartéte schon ein Kajak. Sedna nahm darin Platz, und dann paddelten sie davon zum fernen Land der Vögel. In seinem Königreich angelangt, führte der Möwenkönig Sedna in seine Eishöhle, die er für sie mit weichen, weißen Federn ausgelegt hatte. Damit sie es immer schön warm haben würde, machte er ihr auch eine dicke Decke aus Federn, so zart wie Seide. Sedna war glücklich. Sie lernte viele neue Dinge und fand viele neue Freunde.

Eines Tages, während sie aufs Meer hinausblickte, sah sie einen Kajak in der Ferne. Als er sich näherte, sah sie auch die zwei jungen Jäger darin, die ziellos um sich schossen und viele Vögel töteten. Plötzlich kam der Möwenkönig aus dem dunklen Himmel herabgefallen und hielt zornig auf den Kajak zu. Er wollte den törichten Burschen Einhalt gebieten. Er flog über den Kajak hinweg, stürzte sich mit starren, ausgebreiteten Flügeln herab, zog Kreise und stieß wilde Schreie aus. Doch dann geschah etwas Entsetzliches. Einer der Jäger zielte auf den Möwenkönig. Sein Speer traf den grauen Körper und durchbohrte das Herz. Dem Möwenkönig gelang es noch, zu Sedna hinzufliegen, doch dann stürzte er zu ihren Füßen nieder.

„Sedna, ich habe dich immer geliebt und werde dich immer lieben", sagte er mit letzter Kraft. „Nun mußt du mir noch einen Gefallen tun. Bring mich aufs Meer hinaus und wirf meine Leiche ins tiefe Wasser. Nur so wird mein Zauber erneut wirken. Nur so werden wir in einem anderen Leben und an einem anderen Ort wieder beisammen sein."
Dann starb der prächtige Vogel.

Sedna war verzweifelt, aber trotz ihrer Tränen gelang es ihr, einen Kajak zu finden. Behutsam legte sie den geliebten Möwenkönig hinein, dann paddelte sie weit hinaus aufs Meer. Dort machte sie halt, küßte ihren Gemahl und warf ihn ins eisige Wasser. Im selben Augenblick verdunkelte sich der Himmel, ein Blitz zuckte, Donner grollte.

Als Sedna den Kopf hob, war der Himmel voll von den unterschied-
lichsten Vögeln. Tausende und Abertausende zogen Kreise, ließen
sich herabfallen, stiegen wieder empor. Dabei stießen sie Schreie aus
und sangen: „Der Möwenkönig ist tot! Der Möwenkönig ist tot!"
Andere riefen: „Meereskreaturen werden geboren! Meereskreaturen
werden geboren!" Sedna war sehr berührt von diesem Anblick.
Immer noch weinend beugte sie sich über die Kajakseite und schaute
ins Wasser. Dort, tief unten, sah sie zu ihrer Verwunderung den
Möwenkönig, der durch Zauberkraft zu einem riesigen Walfisch
wurde.

In diesem magischen Augenblick verwandelten sich Sednas Tränen,
die ins Wasser fielen, in Walrosse, Seehunde, Delphine, Kraken,
Seepferdchen, Fische und Meeresgeschöpfe jeglicher Art.

In diesem magischen Augenblick wurden die Meeresbewohner
erschaffen. Und alle versammelten sie sich um den Kajak, als wollten
sie sagen: „Komm zu uns, Sedna, sei unsere Königin." Da tauchte

   69

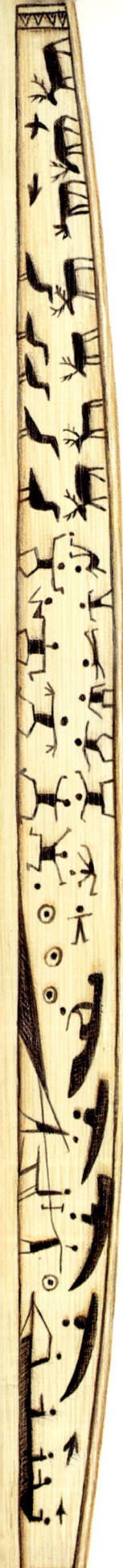

Sedna in das eisige Wasser hinein und wurde wirklich und wahrhaftig die Meereskönigin, der Meeresgeist, die Mutter der Ozeane. Nun war es Sednas Aufgabe, für alle Meereskreaturen der Welt zu sorgen.

Und was die Grausamkeit der Jäger betraf, die so ziellos getötet hatten, so erließ Sedna ein Gesetz. Die Männer durften nur auf die Jagd gehen, um sich Fleisch und Häute zu beschaffen. Und sie durften nur soviel Beute machen, wie sie zum Überleben ihres

Stammes brauchten. Wurde dieses Gesetz übertreten, dann rief Sedna wilde Stürme herbei, und das Meer schwoll an und tobte. So wurden die Männer daran gehindert, auf die Jagd zu gehen. Nur wenn der Medizinmann des Stammes ins Meer tauchte und Sedna am Meeresgrund einen Besuch abstattete, um ihr die Neuigkeiten des Stammes zu erzählen, sorgte sie wieder für ruhiges Wasser, damit die Jäger von neuem auf die Jagd gehen konnten.

Magie im Regenwald

BRASILIANISCHES MÄRCHEN

Es war einmal eine Zeit, das ist schon lange, lange her, da gab es keine Dunkelheit und keine Nächte, um zu schlafen. Es gab nur Licht, nur Tag, nur Wachsein. Doch die mächtigen alten Bäume, die im Regenwald lebten, wußten um viele Dinge. Und es war ihrer Weisheit zu verdanken, daß schließlich die Nacht aus dem Fluß kroch und in die Welt kam.

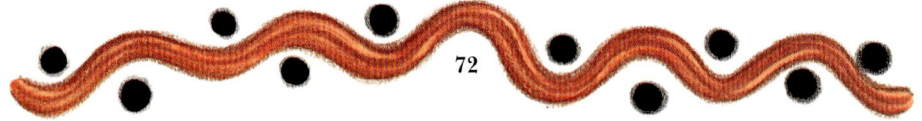

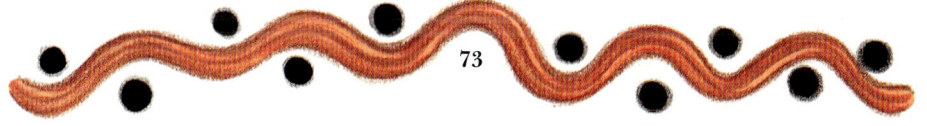

Die alten Bäume breiteten ihre Zauberkraft über dem ganzen Regenwald aus. Und während sie das taten, wurden alle Kreaturen geboren. Die herabgefallenen Zweige und die Wurzeln des Waldes verwandelten sich zu Tieren. Die Blätter an den Bäumen wurden zu Vögeln. Aus Bachkieseln und Steinen entstanden Fische und Schnecken. Tukan, Quetzal, Kolibri und Papagei wurden erschaffen. Gürteltier, Ameisenbär, Tapir und Jaguar wurden geboren, ebenso wie Schlange, Piranha und Schildkröte. All das ereignete sich in dem Augenblick, als die alten Bäume die Nacht auf die Erde brachten.

In der Dunkelheit der Nacht glitt die Schlange am Flußufer entlang und besah sich ihre schönen Augen, die sich im Wasser widerspiegelten.

Dabei sang sie: „Augen, Augen, funkelt sacht, und tanzt für mich im Zauber der Nacht!"

Da sprangen die Augen aus ihrem Kopf und tanzten auf der Wasseroberfläche.

Gerade ging der Jaguar am Flußufer entlang und besah sich seinen schönen Körper, der sich im Wasser widerspiegelte. Plötzlich entdeckte er auf der Wasseroberfläche die tanzenden Augen der Schlange. Lautlos legte sich der Jaguar ins hohe Gras und sah zu.

Nach einer Weile sang die Schlange: „Augen, Augen, funkelt sacht, tanzt zurück zu mir im Zauber der Nacht!"

Und die Schlangenaugen tanzten über die Wasseroberfläche zurück, geradewegs in ihren Kopf.

Der Jaguar war verwundert. Er ging hin und fragte die Schlange: „Wie kommt es, daß du so etwas Erstaunliches machen kannst?"

Die Schlange, die gerne mit ihren Fähigkeiten angab, wiederholte ihr Lied. Wieder sprangen ihre Augen aus dem Kopf und tanzten im Mondlicht wie Glühwürmchen über den ganzen Fluß. Nach einer Weile sang die Schlange noch einmal, und ihre Augen kamen wieder zurückgetanzt.

Der Jaguar war noch verwunderter als zuvor. Er sagte. „Ich hätte auch gern, daß meine Augen so tanzen! Bringst du mir den Trick bitte bei?"

Die Schlange willigte ein, doch sie warnte: „Es ist kein Trick. Es ist Magie, und Magie kann gefährlich werden!"

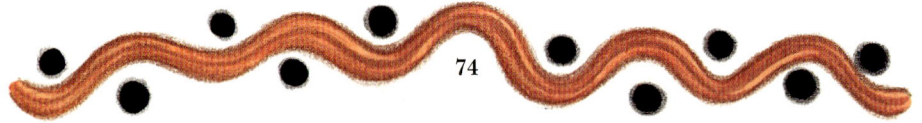

Aber das interessierte den Jaguar nicht. Er wollte nur einfach, daß seine Augen auf dem Wasser tanzten. Also begann die Schlange zu singen: „Jaguaraugen, funkelt sacht, und tanzt für ihn im Zauber der Nacht!"

Und tatsächlich, die Augen des Jaguars sprangen aus seinem Kopf und tanzten über den Fluß. Nach einem Weilchen sang die Schlange: „Jaguaraugen, funkelt sacht, tanzt zurück zu ihm im Zauber der Nacht!"

Der Jaguar war so begeistert, daß er um eine zweite Runde bat. „Das war herrlich! Bitte mach es noch einmal!"

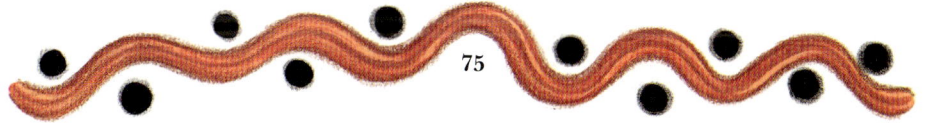

„Nein, es ist gefährlich", gab die Schlange zurück.

„Bitte, bitte, mach es noch einmal, nur noch ein einziges Mal!" flehte der Jaguar.

Die Schlange gab nach. Aber während die Augen des Jaguars übers

Wasser tanzten, sang sie: „Jaguaraugen, funkelt sacht, tanzt zurück zu MIR im Zauber der Nacht!"

Und als die Augen des Jaguars auf die Schlange zugetanzt kamen, ließ sie die Zunge hervorschnellen, und die Augen verschwanden in ihrem Schlund. Dann machte sie kehrt und glitt in den Wald hinein, fort in die Dunkelheit.

Der arme Jaguar konnte nichts mehr sehen. Er irrte verstört und einsam durch den Wald, ohne zu wissen, wohin er ging, ohne zu wissen, was er nun tun sollte. Da er ohne Augen nicht jagen konnte, war er dazu verdammt zu verhungern. In seiner Verzweiflung ließ er

sich unter einen weisen alten Baum sinken. Er legte die Pfoten vor die leeren Augenhöhlen und stöhnte leise.

Der Baum bekam großes Mitleid mit ihm und entschloß sich, dem traurigen Tier zu helfen. Er rief nach seinem Freund, dem Adler.

Der Greifvogel kam herbeigeflogen. „Warum bist du denn so traurig?" fragte er den Jaguar.

Der erzählte ihm seine seltsame Geschichte.

Der Vogel sagte: „Ja, in der Dunkelheit der Nacht können viele unerklärliche Dinge geschehen. Warte hier, ich will sehen, was ich tun kann, um dir zu helfen."

Mit diesen Worten flog der Vogel davon. Dabei sah er sich um und horchte, bis seine scharfen Augen die Schlange entdeckten. Sie schlängelte sich gerade auf einen See zu. Der Adler blieb über ihr stehen und rief: „Ich habe gehört, daß du deine Augen übers Wasser tanzen lassen kannst!"

„Ja", entgegnete die Schlange. „Das ist richtig."

Der Vogel sagte: „Ich kann das kaum glauben. So etwas ist doch unmöglich!"

„Mit Magie ist alles möglich", gab die Schlange zurück.

„Ich glaube eigentlich nicht an Magie", erwiderte der Vogel. „Aber wenn es wahr ist, dann zeig mir doch, wie deine Augen übers Wasser tanzen!"

Die Schlange, die gerne mit ihren Fähigkeiten angab, sang ihr Lied: „Augen, Augen, funkelt sacht, und tanzt für mich im Zauber der Nacht!"

Und tatsächlich, die Augen sprangen aus ihrem Kopf und tanzten über den See. Der Adler, der über dem Wasser schwebte, stieß augenblicklich herab, fing beide Augen mit dem Schnabel ein und flog davon, zurück in den Wald, zurück in die Dunkelheit. Als er bei dem weisen alten Baum ankam, unter dem der Jaguar immer noch wartete, ließ er die Augen in dessen Augenhöhlen fallen.

Der Jaguar konnte wieder sehen, ja, er konnte besser und weiter sehen als zuvor. Während er im Fluß sein Spiegelbild betrachtete, war er erstaunt, wie schön seine neuen Augen waren, und wie sie leuchteten.

„Danke, mein Freund. Wie kann ich dir das vergelten?" sagte er.

„Ich habe großen Hunger. Vielleicht könntest du mir ja einen Tapir fangen? Das ist meine Lieblingsspeise", antwortete der Adler.

Also fing der Jaguar einen großen Tapir, und die beiden neuen Freunde hielten ein köstliches Festmahl ab. Seit jener Nacht überließ der Jaguar immer einen Teil seiner Beute dem Vogel, aus Dankbarkeit für die funkelnden neuen Augen.

Und was die Augen der Schlange betraf, so wuchsen ihr wieder neue. Sie waren schön, und sie funkelten sacht, doch sie tanzten nie mehr im Zauber der Nacht.

79

MÄRCHEN AUS ALLER WELT

Margret Mayo/Jane Ray
Federfrau und Morgenstern
Wundersame Geschichten aus aller Welt
Aus dem Englischen von Ulla Neckenauer
128 Seiten, durchgehend vierfarbig illustriert, gebunden
ISBN 3-451-23012-7

Vierzehn Märchen aus allen fünf Kontinenten.
Neben den klassischen Märchenregionen – wie z. B. Arabien –
wird auch reizvolles Märchenneuland entdeckt,
darunter die Karibik und Peru.
Grundthema der „Wundersamen Geschichten":
Das dichte Nebeneinander von Gut und Böse,
Fluch und Vergebung, Liebe und Haß.
Die englische Künstlerin Jane Ray hat diese Themen
wunderschön ins Bild gesetzt. In ihren Illustrationen
mischen sich kunstvoll Liebe zum Detail
mit spielerischer Erzählfreude und lebendiger Farbigkeit.
Ein rundherum zauberhaftes Märchenbuch.

HERDER